NECROMANCIA

Violeta García

NECROMANCIA

Violeta García

EDITORIAL
NIGROMANTE

Título:
Necromancia

Autor:
Violeta García

Ilustraciones:
Violeta García

1a. Edición, 2022
@ Editorial Nigromante

Formación y diseño editorial:
Alberto Morales
Invisual Business Solutions
Zapopan, Jalisco, México.

Corrección de estilo:
Felipe Antonio De la Peña Contreras

ISBN: 9798819614570

Impreso en México

ÍNDICE

ORÁCULO

Sean estas letras instrumento de adivinación
un hilo
    un amuleto
para descender al *Agua Oscura*
atisbar lo que yace lejos de tu alcance
y volver con el obsequio

Todo oráculo conlleva riesgos
no es casualidad que haya llegado a ti
que su guía te ayude
a atravesar tiempo, distancia, barrera
y alcanzar eso que anhelas

Antes de continuar pregúntate:
¿por qué deseas acceder a lo oculto?
Si los motivos son prácticos, retrocede
el augurio no tiene nada que ver con la utilidad

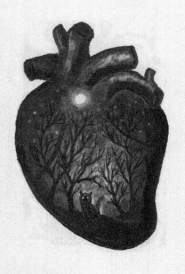

En otro tiempo

traté desesperadamente de comunicarme con los muertos

no concebía lo insalvable de *El Muro*

Fue así que conocí el lugar:

un pantano

cuya primera capa es la brea

luego viene el lodo

y más al fondo

El Agua Oscura

como un cristal que absorbe toda luz

donde habita el silencio absoluto

ElLugar es un atajo

que puede llevarte a aquello que buscas

si sabes preguntar

Solo hay que sumergirse

en la nada enorme, negrísima

de donde no se regresa sin dejar algo

y que se parece tanto a la soledad
¿Cuánto tiempo pasé
chocando contra *El Muro*?

Después de mucho descubrí
su cualidad impenetrable
tan turbia como sólida
que ni siquiera la conexión con mis otros
la intimidad absoluta
la cercanía telépata
o aquel olor más presente que la realidad
pudieron vencer

La victoria que bendijo mi nacimiento
se quebró contra su superficie
el tiempo detuvo su centro ingrávido alrededor mío
y más allá ocurría acelerado
limbo entre los dos sitios
el *"Afuera"* fue creado
y fui expulsada para siempre del círculo protector
la familiaridad de la pertenencia
A cambio
obtuve los secretos
que pronto he de entregarte…

VISIONES

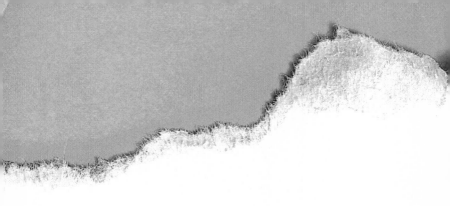

Al principio los presagios venían en sueños.
Pronto me invadieron los días/los ojos abiertos.
Ellos llaman "don" a la intuición que hace la
presencia de los signos abrumadora. Necesitanutilizan
cenizascristales las cartas la cera el caféoelté las
fotoslosobjetoslageometríaoculta. En cambio yo...
todo es escritura si posees el código, imposible
cerrarse dejar de percibir/dejar de sentir y de pronto
el laurelelhumo sincronicidades mecanismosocultos
el fondo de las grietas de las comisuras del abismo
el borde peligroso sin atreverse a bajar nunca

Mejor el whisky lo que se derrama y no puede
recogerse se escapa de la herida no vuelve al cuerpo se
ensucia la mácula de tus dedos en lo que nunca debió
ser tocado eljuegolabrumalassábanas renacer provocar
un accidente y llamarlo irremediable mi don es acceder
a lo inaccesible lo prohibido y querer volver a lo simple
pero una vez que has sido mellado jamás vuelves

El hambre/el trueno/la ira/el cansancio y luego estoy
yo   conejos abiertos en canal/ofrendas de aguades-
aldecarnedehierbasdesangredemuertedevidadeentra-
ñasdesufrimiento artes oscuras mortajas masturbación
sombras funeral   los elementos que configuran
el insomnio   sacrificios rituales de la morgue la
plancha la tumba profunda el frío la navaja prome-
tida   qué tragedia ser la esposa del dios oscuro y

estar enamorada de la luz y los significados que no
cesan presentes en los astros/los dendros/las aves/
los insectos/las luces/las voces/el viento que susurra
y no se calla/sugiere/quiere que me mate impulsos
salvajes egoístas certeros incontrolables convulsión
estertor las galaxias el mundo se convierte en
un tablero cada elemento es un signo que florece
como un lirio del fango alquimia íntima secreta

¿Puede tu ojo ver el futuro?

Arrancarse los ojos arrancarse las entrañas
arrancarse el corazón quemarse profundo

sin Dios la orfandad abruma

Insectos camposanto sombras el concilio que
se confabula y te condena tu creador

En tu contra tormenta plegaria agonía metódica
ciencias crueles vidas acumuladas en el cansancio
pero fragilidad infantil irremediable

Milagro oculto: regalar un sacrificio hecho de mi
sangre renunciar al poder de hacer que se arrastren
invocar muchedumbres convocar fuerzas incontenibles
y sin embargo no lograr que nadie se quede

Hice un voto a la oscuridad y no puedo romperlo
destino autoimpuesto y que no consigo ya rechazar

Apartarse del camino contemplar lo grotesco me
llaman oscura prefieren las flores no la podredumbre
me miran y se horrorizan pero vienen a pasar la noche

Corrupción condena abominación torrente de
palabras que chorrean sobre mi cabeza coronada
de augurios espantosos el fuego maldición hablar
ya solo con los muertos el deseo caprino el sol
único ser capaz de satisfacer la voracidad que no
me abandona que no es el amor nunca el amor

La belleza que transita entre dos mundos me regala
la ternura negra negada por la gente el secreto de la
vida y la muerte como un camafeo en sus órganos

(1334)

La presión
aplicada correctamente
sobre las sienes y el pecho
sobre el pubis y el sentimiento
puede por constante
ser un dulce corrosivo
que nos lleva a desangrarnos en la tina
o a colgarnos
(las pastillas también son eficaces)

    1.- Sentirse solo

    2.- Sentirse infeliz

    3.- Sentirse atrapado

NOTA: El 90% de la población es propenso

1334

SANGRE Y FLORES

Sospechar
la maldad en los crisantemos
que yace bajo la superficie
de las cosas bellas y pútridas
(el cadáver de un cisne en el agua quieta
la serenidad del moribundo
o la expresión feliz del gato envenenado
agradecido por haber encontrado alimento)
Entonces asoma
la morbidez intuida en ciertos actos de caridad malsana
enciende algo en el vientre

que se extiende a los dedos temblorosos
como fiebre
y frío
una cosa turbia
un asco atractivo
hace desear la visión de sangre
un algodón empapado
una cinta en blanco y negro
o la fotografía de una carroña con larvas
un olor fétido pero intrigante
Todo comienza antes
mucho antes
en el dejávu
en el sentimiento de anticipo
quizá antes…
sentir nostalgia
de la cosa más terrible
creer que existe una conexión que las premoniciones
/ resuelven
y ese hilo imaginario
que une futuro y pasado
hace posible cambiarlos

La mercancía se expone bajo las luces
que conforman el espinazo
de la ciudad vitrina

donde la monstruosidad
ostenta piezas de una joyería grotesca
como artículos de lujo
entre cruces y señalamientos vehiculares
se desayuna y se hacen las compras

las flores del camposanto
no cubren el hedor de la vidas
del hastío siempre presente

Encontré a Eros hastiado
contemplando la urbe

susurré mi nombre en su oído
(el nombre de la muerte)
y pareció animarse

Irguió su flecha
rítmicamente
embistió a los habitantes
que inflamados y heridos
creyeron morir

Mas renacían

Entonces escuchamos al otro dios
al desprovisto de carne
el de las culpas   el de los flagelos   el de lo correcto

Pecado
decía
y en su rostro había éxtasis

Perversión   Fetiche
condenó ruborizado:
su erección lo delató

Espía
me contempló acariciar a Eros
y fundirme para siempre en él

Descubrimientos curiosos:

1.- El aura del suicida es verde: el color de las miasmas.

2.- Uno puede resistirse al deseo de lanzarse a la muerte en carretera.

3.- La mirada fija de un gato puede trastornarte y hacer caer por la ventana.

4.- Si te asomas al balcón y sientes que una voz te llama, piensa que quizá abajo es un mejor lugar.

5.-No hay dolor universal, todos son particulares.

6.-Las cosas nunca volverán a tener la misma magia.

RITUALES

El *Ritual* no puede encontrarse en viejos grimorios
no existen palabras destinadas a su hechizo
te será entregado si al cerrar los ojos
logras ganar el silencio

Concebido para ti
único
has de respetarlo una vez que se te revele
seguirlo paso a paso
sin escuchar las voces
que te piden parar

Imprescindible ignorar el horror:
durará sólo un momento

Se invoca en flor de loto
palmas sobre el suelo
párpados cerrados
los sentidos abiertos

Sin darte cuenta
habrás descendido
escucharás las voces de tus muertos

No debe preguntarse por lo que está muy cerca
o es demasiado querido
pues deseo o angustia nublan la respuesta

Pide aquello que tu voluntad esboza
obliga al destino a manifestarse

Menester es dominar la desesperación
el *Agua Oscura* te entregará eso que anhelas saber
pero hay que estar dispuesto a pagar el precio

Rituales oscuros:

Existen, sin embargo, otras formas de invocar
Las voces susurran:
    "Frente al espejo
en la oscuridad más absoluta
has de sostener una vela
hasta que la flama desdibuje tus facciones
y aparezca
tu verdadero rostro
o el rostro de la cabra

Si toleras la monstruosidad
comenzará a hablarte

Si soportas sus palabras
te hará un regalo

que quizá
desearás
no haber obtenido"

Rituales de vida:

I

Tambíen puedes llegar al umbral
mediante el ritual de masturbación

Para ello observarás las fases de la Luna
y sentirás cuál es la más propicia a tus deseos

Que el haz entre por la ventana
e ilumine tu cuerpo desnudo
harás la pregunta al llegar al orgasmo
y la respuesta vendrá en forma de visiones certeras
que agradecerás luego
con la flama de la vela

Al terminar
tendrás la certeza de estar vivo
como nunca lo has estado
y esto es lo más parecido a la iluminación

II

Pan dulce, pies descalzos sobre la tierra y el pasto y el agua. Flores. Miel. Benevolencia.

Rituales de sangre:

La sangre puede ser viva o muerta.

La sangre posee cualidades que comunican con el
/ otro mundo.

La sangre es en sí misma una extensión del *Agua Oscura*.

Todos poseemos *Agua Oscura,* aunque pocos se
atreven a acceder a ella: su visión nos horroriza.
Ver lo oculto nos parece signo de muerte.

Rituales de muerte:

I

Los rituales de muerte son los más poderosos, pero también los que conllevan mayor peligro. Para ellos, se necesitan velones de cera, un tablero, un puñal y un cuerpo muerto, animal o humano. Es necio pensar que uno es quien debe arrebatar la vida. Bastará con traer el cadáver y colocarlo en el altar que te haya sido revelado y observar sus vísceras hasta que la mirada se nuble. Pronto desearás con desesperación escapar del vacío que invade, se expande, se apropia. Sentirás dentro de tu carne las larvas, los insectos escarbando nuevos caminos. Comprenderás la profundidad de la muerte.

II

Muchas religiones piensan que el *Dios Solar* es
/ sinónimo de vida

pero no saben que también propicia a la muerte

una que muestra mayor inclemencia

que el frío o la noche

III

El aura invoca al espíritu maligno/cuando las
luces se apaguen/y las sombras cubran/el último
estremecimiento del cuerpo/verás las fauces relucientes

Entonces/conjurarás la palabra precisa/que
evoque/el olor exacto/el perfume de la muerte

Este nuevo culto/consiste en devorar a los
dioses que te parieron/hasta que sólo quede
esta voz/y nada más a dónde aferrarte

IV

"Desde el fondo de este abismo

te invoco"

repite la canción secreta como un mantra

con una fe inquebrantable

usando toda tu voluntad y tus fuerzas

cuando comprendas que eso que necesitas

que te quema

aunque hagas lo imposible

jamás vas a obtenerlo

sabrás lo que es *La Muerte*

PREMONICIONES

Mientras me masturbaba y me sumergía en el pantano negro del oráculo, tuve las siguientes revelaciones:

Hubo días en que los ojos se te llenaron de bendición y belleza. Momentos de ímpetu, actuar sin meditar, los devotos te seguían. Entonces pudiste tocar la vida.

Hoy la pausa odiosa, cobardía, ceguera, miedo a sentir. Inmovilidad obligatoria. El instante pasó. Se agotaron las opciones. Perder la capacidad de crear el mapa. La muerte te va habitando.

Pero yo sé esto: para las cosas pequeñas, orden y proyectos; para las grandes, el caos y la decisión.

0.- Devastación-soledad-renovación.

1.- La revelación, con la contundencia del trueno.

3.- Espera. Pérdida de la fe. Resignación.

4.- La sorpresa, el destino que se concreta.

5.- La impresión de lo que conocías de antes, la comodidad.

6.- La inevitable tragedia.

La soledad irremediable, oscura, no puede paliarse con pequeños gestos. Sensación de orfandad que desde la infancia se repite, cada vez más serena.

Llevar *La Marca* de la desesperación. Procurar esconderla, justificarla. Aceptarla, en toda su extensión.

Saltar del bote antes del naufragio... la energía como un puñetazo en la boca del estómago... hacer el intento de resistirla y lograr que desaparezca... Vacío inmenso... la pesadumbre por el alejamiento.... la nada.

Yo te digo: eso que anhelas, lo tendrás
el objeto de tu deseo
reluciente

y ese será tu castigo

bisal:
Hay quienes nacieron para estar tristes
se sumergen y descienden hasta la oscuridad absoluta
en busca de significado
y se encuentran de pronto con la desolación irremediable
y la fragilidad de sus propios huesos

Por ese camino ya no puede transitarse
el puente está deshecho
y la parte en la que estás parado
está próxima a romperse

Haces confianza al agua
parece cristalina y poco profunda
pero en cuanto revuelves el fondo se vuelve cenagosa
entre más pataleas más quedas atrapado

Es necesaria una determinación, cualquiera
antes de que la devastación te alcance
y tus huesos
como el puente
se comiencen a pulverizar

Unos se queman el cuerpo
intentando dar calor
los otros consumen
y cuando no hay más qué abrasar
se alejan

Y tu cuerpo frío
como un carbón extinto
se queda sin alma ni esperanza

A veces verás un destello
querrás llamarlo esperanza
aferrarte a él
como la última luz de mundo

No es más que el fantasma
de tu desintegración
el anzuelo
hacia la caverna más profunda

MÉDIUM

Aquí no hay luz
me muevo libremente entre las sombras
las cosas lejanas
recuerdos falsos del Sur que un día fue mi Norte
resuenan en mi alma como si las hubiera vivido

Para entonces ya lo sabía:
la estrella que marcaría mi sino
nació muerta

Su cadáver flota en un tiempo extraño
entre miasmas y gusanos celestes

Como un miembro gangrenado que nadie extirpa
sufre lenta descomposición

Su materia se desliza
a través de una oscuridad absoluta

Nadie le apunta un telescopio
ni le pide deseos

Los agujeros negros la evitan
negra e inerte
espera chocar con algún planeta
preferentemente habitado

Mientras
en una dimensión alterna
(una perversa)
donde lo innombrado tiene más peso
tiene la oportunidad de brillar

Nadie puede ver mi estrella
pero ella existe
con la contundencia de la extinción

El *Agua Oscura* me reveló lo endeble de mi estancia:
la compleja red de hilo plateado
de cada una de las arterias
que se supone
nos une al mundo
y traza nuestro destino
en mí fue cercenada

Sin arraigo
se extiende hacia el vacío
ávida de pertenencia

Me duele el tiempo
aquí no hay nadie
es un desierto
cada vez que me sumerjo para buscar
me encuentro sólo conmigo
con mi irreparable orfandad
y salgo enfangada

Muchas veces he maldecido mi soledad
la mayoría de los dones me fueron negados
no hay hermosura en mi rostro
no hay eco en mis palabras
ni trascendencia en mis actos

Pero tengo un *Familiar-Protector*
acompañante al descenso
que es luz y guía:
La Belleza que Transita Entre dos Mundos
invisible a los ojos comunes

Me fue dado, sí, el regalo de la clarividencia
y la maldición de la esperanza
que en ocasiones
se confunden

La Noche posee una belleza refulgente
que atemoriza
proyecta su tesoro en los que acoge
transmuta lo que mira
hace nacer universos

No recuerdo mi nacimiento ni infancia
no sé cómo llegué a este lugar
donde solo hay desesperación y olvido
si grito
las voces me responden:
"Eres *La Noche Sin Dioses*"
pero sé que mienten
pues en el eclipse
conocí la caricia del *Dios Solar*
y jamás pude olvidarla

El *Dios Solar* es cálido y cruel
no conoce de tacto, moderación o intermediarios
te abrasa o te entrega la vida
sobre todo
el *Dios Solar* es una deidad ajena

Mis amantes me nombran bruja
oráculo
La Noche
locura alada

Vienen con pequeños tributos
que dejan a mis pies
antes de entrar a la cama

Se enamoran de la mirada
que les muestra la posibilidad de su belleza
mi cuerpo les hace sentir salvajes y poderosos
mi voz les eleva

Para ellos soy serpiente
demonio del sexo y la tristeza
hambrienta
ceniza renacida del recuerdo del Sol

La rutina se resiste
el esfuerzo me quiebra
y mi voluntad tiembla ante la ausencia de mapa
trata de orientarse olisqueando con su hocico
bajo un cielo sin estrellas que la puedan guiar

A ciegas avanzo
porque no sé hacer otra cosa

La sensación hacía de los días un pantano pardo
brote de vacío
en el espacio reducido de mi pecho
la jaula-tórax no puede contener la asfixia
la oscuridad escapa como un fluido viscoso
putrefacto

El abismo crece
monstruo desganado pero con fauces
angustia que busca con la boca y el vientre
un sedante momentáneo
la necesidad se aferra al estómago
y no cede

Un día no pude divisar más el faro
tuve que admitir mi extravío:
conozco de sobra la desazón de los períodos de tinieblas
decidí dejarme flotar sin resistencia
con la esperanza de que al final volvería a ver el sol

EXTRANJERO

Pero tú, viajero, respiras
en tu pecho que se hunde y se levanta
encuentro maravilla

Tú puedes verme
entre el velo de estas letras
el mundo exterior te habita
¡Vives!

Y a través tuyo también yo resucito:
saberme observada
me vuelve real

Mi consejo:
no demores demasiado en el paraje
podrías ahogarte
atrapado para siempre aquí
donde ni tú ni yo podremos comunicarnos
y pervive la ilusión de la existencia

El invierno era hastío. La sensibilidad entumecida por el viento helado hizo de la visita del extranjero un acontecimiento. Lo dejé entrar a casa como a tantos otros.

A cambio abrió un torrente de fango y lirios. Lo miré como a un sol hasta que mis ojos lloraron. Luego me cansé de esa alegría salvaje seguida de la tristeza pantanosa del abandono y la duda.

Antes de tres lunas:
La parte que tengo de bruja me mostró en una visión
que mi destino estaba ligado al del extranjero
y no sería la última vez que lo viera

Hay cosas que se esconden en los cementerios
en la lluvia nocturna y el alumbrado eléctrico...
en la resaca
en las palabras "ajenjo" y "plata"
Desde de mi cama
dibujaría las claves sobre tu cuerpo
te inculcaría la música de los cuentos infantiles
depositando poemas mórbidos en tus vértebras
lo que amo de ti
es la muerte que presiento en tus párpados cerrados

VIAJE

El dolor es un mapa

alternativo a la adivinación en los posos del café

para mí no existe el norte

únicamente el sur

siempre más adentro del abismo

Atravesando la angustia
como un mar de niebla
emprendí otro viaje para buscarlo:
deseé encontrar tierras nuevas
la esperanza de un hogar

La palabra "Escollera" me produce una sensación
/ indefinible

su cabello enredado entre mis dedos

me permite conciliar el sueño

profundamente

como si el mundo no estuviera ahí fuera

hecho de alfileres y vidrio roto

"Esto es lo más al sur que existe" pensé mientras
luna llena/cruz del sur/sonido de olas
la sensación de la tarima de madera bajo el cuerpo
me inundaban como un sueño

Te hablé de las escenas que desde niña me producen
/nostalgia
la sensación de haberlas contemplado en otra vida.
"Si muriera y reencarnara, este momento lo recordaría" te dije
"así olvidara lo más significativo de mi existencia"

Tu contestación como ese cielo de constelaciones indescifrables

CANIS FAMILIARIS

I

Él duerme desnudo entre sus perros
acomodados todos en ovillo
como una manada feliz
a la cual yo no pertenezco

II

Me dijo que no debía depender de nadie
que le parecía patética mi búsqueda de compañía
entre gente que quiere aprovecharse

71

Le he respondido

que prefiero a la gente que viene a mí buscando sexo o cerveza

a la que no viene nunca

III

Creía que iba a su casa por sexo

yo solo deseaba no estar sola

para no pensar en la muerte

IV

Recogió una oruga

la guardó en una cajita de cristal para proteger la crisá-lida

pero la caja era estrecha

El día que emergió del capullo

sus alas no hallaron espacio para desplegarse:
                                        / se rompieron

con la voz hecha jirones me llamó por la madrugada

lleno de tristeza y culpa

y yo no pude comprender tanta ternura por un insecto

También a mí me había resguardado
en una caja de cristal
donde sus palabras me protegían del frío nocturno
una caja demasiado estrecha
intentaba conservarme
sujeta con alfileres al terciopelo

El chico que no podía soportar lastimar una mariposa
rompió mi espíritu

CANIS LUPUS

I

¿Recuerdas los días
en que te disfrazabas de oveja?
Mi hocico olisqueaba tu cuerpo
los lobos nos prestaban su instinto
e imitando al uroboro
a gatas
nos engullíamos en juegos de sangre

Entonces acariciaba tu pelaje
me mirabas con ternura bestial
y hacías que me recostara en tu regazo
para que tus falanges
frías y blancas
me recorrieran la espalda
y tus fauces se hundieran entre mis piernas

Días secretos
el aullido era nuestro lenguaje
la oscuridad era brillante a nuestros ojos nuevos

Y conocimos la alegría reservada
a la inocencia de las fieras

II

Si cada vez me obligas
a enfrentar a los lobos
mi corazón se hermanará con el de ellos
y muy pronto
(antes de lo que imaginas)
será también salvaje

Habré olvidado andar en dos piernas
cualquier atisbo de sumisión

cómo sonreír sin amenazar
ya no sabré lo que son las palabras
el hambre será mi gobierno
y no tendré reparos
desgarraré
y ni ese sacrificio de carne y sangre
será suficiente contra mi apetito

Fuimos uroboros y siameses
su ausencia dejó mi cuerpo mutilado
y no es únicamente una costilla

Falta la materia
el barro mismo de mi factura
sangre/huesos/cabellos
su aroma que reconozco como propio
que anhelo reintegrar a mi cuerpo
para no volver a soltar
fundirlo con mi esencia
y de nuevo unidos
como una serpiente bífida
morir

Diario de un breve viaje al sur y de vuelta:

Amuleto austral/atajos/aullidos

Restos de sol/la cruz del sur sobre la escollera

Mapa/ geografía brumosa/

Arena bajo los pasos

Inmensidad/barco/catalejo

Apenas un atisbo

Avión/retorno

Gangrena/la sensación de hundirse/ desolación

Distancia

No hay ancla que pueda detener mi deriva

"I desire the things which will destroy me in the end."

Sylvia Plath

Tener este deseo rabioso por vivir
y sólo alcanzarlo en el dolor
en el desgarramiento
en el hambre

Lo que se ama
lo destruye el amor

se ama porque se muere en el proceso

No soy Penélope ni Orfeo
buscaré esperanza
en el sonido de una lata de cerveza al destaparse
y la caricia de un gato negro
en espera de lo que llegue primero: tu regreso o el olvido

Mi amante no pudo resistirse a voltear
y aquí me he quedado
rememorando
a Orfeo y sus otros fracasos
a Orfeo y sus esfínteres

Este sol que lo mira alejarse
lo verá oculto o extinto
o enamorado de alguien más

Si Odiseo decide volver a enloquecer
si se deja caer con los brazos abiertos al océano
o al placer del cuerpo de Calipso
las sirenas lo acogerán
conocerá la belleza
de vivir enajenado
lejos de la responsabilidad
de ser amado por una mujer
que lo quiere de vuelta

D eriva

a veces lloro al recordar el puerto; no tengo derecho

busco la leyenda de un oasis

y una vez descubierto

la urgencia de partir

Un camino oscuro y uno radiante se extienden ante mis ojos

ninguno es lo que parece pero es preciso elegir

Convulsión/Visiones en el humo
Esta desmemoria oculta/deseo de abandono
relicario/desamparo
el presentimiento de inmolación en la hoguera
El deseo de huir
Miedo/Olvido

Para las religiones orientales la ausencia del deseo
previene el sufrimiento

Para mí

la ausencia del deseo previene de vivir

Para existir debo desear

sólo cuando estás lejos puedo quererte

No hay alivio en este cuerpo

De nuevo he perdido la luz del faro
no hay tierra ni costa
entrecierro los ojos
y sólo veo la extensión devastadora
de oscuridad y bruma

La escena cristalizada:
diente de león en burbuja de ámbar
observada meticulosamente
sin poder defenderse
    ni mutar
        ni morir

VENENOS Y REMEDIOS

El escritorio atiborrado de botellas   elíxires
/ y pociones

huesos polvorientos

hojas secas

insectos

fenómenos conservados en formol

una lupa meticulosa para observarlos

sepia- matraz-bisturí

tinta para un dibujo del natural

venenos y remedios

camafeo con foto deslavada

En la mesa de disección:

la mente

tu comportamiento

tus palabras

tu cuerpo sujeto por alfileres

Guardo un blackout en cada frasco
los coloco en estanterías de madera

donde sus olores a menta y alcohol se mezclan
y destellan los colores apagados de sus cristales

Los clasifico: remedios o venenos
mi cuerpo se vuelve autómata
seducir para anestesiar
recobrar la conciencia en el coito
¿cómo fue que llegamos aquí?

Remedios:

*Ejercicio extenuante

*Coger, coger, coger en cada ocasión posible, sin pensarlo demasiado

*Beber hasta la inconsciencia, música que retumbe en las venas

*Que alguien te abrace hasta quedarte dormido, y de ser posible, te acaricie el cabello

*Dormir, despertar y forzarse a dormir más, hasta que las horas desaparezcan

*Hablar con una persona que comprenda, o al menos escuche, y hacerlo durante

toda la noche

*Acariciar largamente a un gato y dejar que ronronee en tu regazo

*Mirar por la noche un paisaje marino, de la mano gigante de quien te haga sentir seguro y protegido, lejos del ruido del mundo, a salvo del eco en tu cabeza, contemplar en las constelaciones eso que es más grande que tú

*...Cualquier combinación de las anteriores

Mi Sol oscuro:
poco a poco una luz mortecina
fue calentando el cofre de mi tórax
olisqueo húmedo
iris verde
pelaje suave y oscuro
orejas terciopelo
"Salvación" pareció decirme
se acurrucó contra mi cuerpo
asegurándose de no dejar ningún hueco
por el cual pudiera fugarse mi esperanza

Con palabras y fotografías te reconstruyo
para alejar la visión de sangre en las comisuras
el satín que enmarcó tu cara el algodón en tu nariz
Tu voz en las grabaciones
adquiere matices
que en tu presencia jamás escuché
que desde esta perspectiva...
La tristeza me aplasta
pero siento emerger una sonrisa
levanto la cara hacia la luz
una lluvia fina gotea desde el cielo gris
entre los árboles se filtra
y aviva el color del pasto y las flores
y los monumentos blancos
resplandecen con un brillo desconocido
que antes sólo intuí

Memento Mori:
visitar el jardín
y cortar la flor
que surja
de la descomposición de su cuerpo
sea la pureza de la fragancia
un epitafio que le haga justicia

Réquiem:

Los amores mortinatos
descansan en el fondo de pantanos y lagos
duermen bajo la tierra cubiertos de hierba nueva
un túmulo con nomeolvides y ortigas marca el lugar
/ donde anidan

intactos
perfectos
como un recuerdo inmaculado

Noche a noche visito sus huesos
su blancura lisa se destaca entre la tierra y las hojas secas
del altar formado por flores arrancadas
para dar su vida
a su muerte
ellos lo llaman macabro
yo creo que el amor es esto

EXPEDICIÓN A LAS TINIEBLAS

"Este es mi cuerpo"

dije

y todos se nutrieron de él

y luego abandonaron el cascarón reseco en que me había
/ convertido

sin mirar atrás

sin pensar en el regalo que les hice con mi sangre

Mi mente ennegreció
mi cuerpo se negaba a seguir
el paréntesis yacía en pedazos bajo mis plantas desnudas
sangrantes

rompí mi linterna y mi brújula
me hundí en la embriaguez
decidí continuar mi expedición a las tinieblas
en la espesura de la angustia
dispuesta a morir ahí

Romperse. Mi pecho está roto. Mi cráneo. Mi culpa. Mi cuerpo que no es bello. Tú.

Mi amor por ti. Todo entre cristales remotos todo.

Quiebre. Punto de quiebre. Mi garganta deshilvanada. Deseo de llorar, deseo de herir, deseo de estar herida. Me rompiste el espíritu y el alma y la madre.

Desollar. Despellejas mi corazón, mis palabras, ellas no quieren ser tuyas. No quiero necesitar. Una metáfora, un viaje, una fiera. Al carajo con las metáforas y las fieras.

Fieras tus garras y fiero tu afán de destruirme. Tú no sabes que soy fénix, pero entiendes muy bien cómo hacerme cenizas.

Siempre estuve consciente de no ser bella. Nunca
/ importó. Hasta ahora. Por lo tanto, te odio.

Entre el conjunto de mis desgracias se encuentra la que
/ es mi cuerpo

Mi cuerpo que no es bello

Mi cuerpo que no me responde

Mi cuerpo que me hace sufrir cuando lo miro

que no huye cuando es preciso

mi cuerpo que demanda

y que para colmo un día decidió comenzar a

/ sangrar y no parar

Habituado al sufrimiento tardó en extrañarse

los días pasaban y la sangre seguía brotando

un mes y la hemorragia comenzó a marchitarme

pero también sacó consigo el dolor

Hago esfuerzos enormes para no romper a llorar en cualquier momento del día. Me digo que estoy tranquila, pero por instantes el abismo me crece dentro, la orfandad no del mundo, sino de ti, mi *Familiar*. Añoro la magia, la conexión verdadera que no puedo hallar en la gente, la afinidad secreta que ahora se ha roto y el hilo nunca más nunca más conducirá a ese camino de regreso. Ya no recuerdo lo que es la tibieza, ser necesitada, la exigencia amable de un abrazo antes de dormir porque sin eso el abismo se concretaría... extraño el conjuro que me mantenía a salvo, y ahora no quiero ver las sombras ni pensar en eso. La caverna no está afuera, soy yo. El pantano. Imposible salir de lo que eres.... Todas las premoniciones del mundo no pudieron salvarme. Aunque no hubiera escogido escapar del salvajismo de este dolor si con ello hubiera perdido la posibilidad de tu brillo de sol oscuro. Ahora no logro poner este dolor en un lugar adecuado, mis manos no pueden manejarlo, ni mis órganos contenerlo... busco significados donde no los hay porque ya no existe tu consuelo que no requería explicaciones, era algo que comprendía con todo mi cuerpo y aceptaba sin complicaciones semánticas, sin forzarme a la pertenencia en los lugares donde me encajo rompiendo mis huesos para no tener que estar a la intemperie. Qué hostil es afuera, pero más aterrador mi interior vacío huérfano el corazón, el útero, el estómago que nunca serán llenados y que procuro regar profusamente con alcohol y semen aunque luego me muera del asco y desee que por favor se vayan que me dejen tranquila poder llorar a solas lejos de la incomprensión, ya no quiero estar encajada ni echar raíces en esas mentes estériles y esos corazones de vista clavada imbécilmente en un punto en el horizonte que no dice nada que no transforma... quisiera volver a la suavidad confortante, al adormecimiento de la saciedad, no necesitar nada porque mi hambre era cuidarte, o creer que te cuidaba cuando tú eras mi guardián, cuando tu cuerpo pequeño y tibio me protegía de las pesadillas y de los monstruos que regurgitaba por las noches para dar salida a toda la mierda que el mundo me hacía tragar. De esos estados febriles me sacaba tu ronroneo, de la necesidad de los otros, ¿ahora dónde voy a encontrar el cariño? ¿Hasta dónde he de viajar y perderme sólo para entender que me he quedado sola y que el hilo está roto? No queda ni el consuelo del suicidio, la amabilidad extinta, una noche extensa disimulada por los artificios de una electricidad que no calienta.... La noche que cambió de significado, antes era tu corazón y el mío, unidos por arterias invisibles, su vibración al unísono del viento en esa dimensión donde nada exterior podía penetrar. Mi amorcito pequeño, leve, insignificante a ojos ajenos, qué poquito pesaban tus huesos y menos aún tus cenizas y qué poco importa para los demás, qué extraño que algo tan liviano haya impactado tanto en mi vida y ahora tu falta me haga sentir sin embargo un peso que me hunde sin remedio en el infierno que soy yo cuando estoy sola, cuando no existes... ¿cómo fue que te hallé en medio del caos y me aferré a tu brevedad hasta que te interioricé y te absorbí y eras mi vida y ahora solo hay un suspiro de polvo en el que no puedo ya ni reconocer tu osamenta? Nada de la suavidad de tu pelo, ni el recuerdo preciso, apenas visitas en sueños... Pero fuiste real, aunque te hayas ido. Y yo me quedo aquí, perpleja de sobrevivir si bien aún te espero, en los sueños te espero...

Desde fuera de la vida esta dimensión alterna,
planta en un lugar poco propicio, observo aquello
a lo que no pertenezco mi savia se seca

Cierro los ojos ante una irradiación superficial, artificio
que no viene de mí, lastima los ojos, expulsa...

La luz cobra un significado extraño cuando estuviste
tanto tiempo en el fondo. A dónde avanzara no
importaba: aridez y negrura, nunca progreso,
nunca destino. Decidí detenerme y cavar profundo,
enterrarme, al menos una dirección cierta. Y de
pronto en el fondo inhóspito, improbable, descubrí
la última llama. Bien oculta, tibia, manteniendo
su palpitar frágil como alas de insecto, a buen
resguardo del mundo. Luz que se convirtió órganos
sangre y alimento. Quién diría que la capacidad
de ternura... y ahora se ha ido... y sigo viva.

La invulnerabilidad es una costra que te ciñe
el cuerpo, te acorrala, te momifica. Morir del
golpe o en vida, callejón de faroles quebrados,
sentencia de inmovilidad que nunca es muerte.

Lo peor la esperanza, obstinada, irracional, que me
levanta del cansancio, cuando lo que deseo es el confort
del suelo, poder quedarme definitivamente quieta...

BRUJAS

EXCOMUNIÓN

I

No sabes

Cuánto cala la soledad aquí abajo

qué enorme es el abismo qué hondo es el valle qué
/ oscuro el pensamiento

No sabes las fauces/las garras/los armas/los vidrios
/ bajo los pies descalzos

y todo araña

todo desgarra

Me abandonas y tomo al íncubo por amante

mi cuerpo es blasfemia estar encerrada en este cuerpo
/ es blasfemia

escupirle a la perfección en la cara

excomulgada

bautizo a este deseo que abrasa y jamás puede ser
/ satisfecho

bestia que pugna desde el fondo de mi vientre y me
/ lleva a caminar hacia la pira

el vacío no perdona

me aferro con fuerzas a la suavidad de un abrazo
/ azabache

esperando que su luz negativa absorba mis pesadillas

nadie me puede arrancar este desamparo

hambre es el nombre que le he puesto

II

Un símbolo prohibido marca mi frente

maldición secreta

En mis venas duerme una bruja

cuyo destino es el cadalso

desafía

llama a la muerte

y ella le devuelve el gesto

Renuncié a la fe, renuncié a la fecundidad, renuncié
/ a dios

pero dios renunció a mí primero

señaló mi cerebro con el dolor y mi cuerpo con la
/ fealdad y mi corazón con la culpa

me puso voracidad entre las piernas

busco obsesivamente en lo oculto el éxtasis

mi señor me ha dejado huérfana

Médium de todos los dolores

No vivo

No significo

Este cuerpo está cuerpo vacío

mentira que yo habite aquí

es nada más que un cuenco

una caverna

donde los amantes cansados llegan a guarecerse del frío

luego abandonan

y yo suspiro aliviada de recuperar mi soledad

III

Todo a mi alrededor es hermoso

así lo hacen mis ojos

Pero también es hostil

Llamo independencia a la orfandad

la desesperación es madre padre y hermano

no hay espacio para otra cosa

Mi patria los retazos

fragmentos cristalinos de lo que me conmueve

y espero que sea suficiente

una cama y un gato y un cuarto

un puñado de amantes

granos de sal y de azúcar que relucen

escarchan voracidad incansable

extremidades feroces que añoran

su violencia me quiere de vuelta

me gustaría naufragar y retornar a su tierra

pero no creo en la fiabilidad de ese mapa

Mentira

mentira que alguien pueda quererme

los apremio a huir

para mi propio desconsuelo

Su mirada me molesta

desearía que encontrara un rostro más bello que el mío

Abomino del recuerdo de un día tan perfecto que hiere

querer otra cosa siempre, nunca lo que paladeo

Insaciable es mi verdadero nombre

Obsesa/Compulsa/Desesperada

Hambre

   Hambre

      Hambre

FE

Me río de los mártires

sus estampitas de santos doctores en el dolor que piden
/ no sufrir

imploran

hincados

creyendo que los escuchará algo más que la pared

Yo en cambio

ofrezco mi cuerpo

las fauces del abismo

sin parpadear

MALDICIÓN

En el fondo del vaso
siempre queda un poso de tristeza
el trago definitivo
figuras que remiten el espíritu a otro plano
pasado, lejano, o por venir
"Nunca habitarás este momento"

ARCANOS

I

Escenas inquietantes que recordaré a través de mis
/ vidas:
Arena blanca mar rojo cielo plomizo
Gaviotas de sangre frío
Molinos de viento como enormes ánimas fantasma
Casas solitarias en la carretera
Abandono

II

La profecía que me revelaron tus ojos:
te conocía ya de otros planos
Antes de tres lunas
volvería a ti

y antes de otras tres ya te habría exorcizado
Pero tu paso
de torbellino devastador
regresaría año con año hasta cumplir tres ciclos
Y entonces...

TRANSMUTACIÓN

Ya no basta con verle pasar
oler su sangre debajo de la piel
hay que embadurnarse de ella
llegar hasta las entrañas
asegurarnos el acceso
Poseer significa devorar
extinguir con nuestras fauces, digerir
regodearse en sus fluidos
y regresar al altar secreto
donde descansan sus restos
porque pertenecen por fin
a nosotros

CEREMONIA

Te reconocí desde el primer encuentro
ahora te invoco
El ritual dice:
¡En cuclillas!

Navajas/mensajes/humo/miradas

un anzuelo con un mechón de cabello

a gatas

pasar la lengua

Tu espectro en mi sexo en mi corazón reseco

Convulsión

Vislumbrar no hay futuro

Convulsión

Esperar al eclipse

temblor tremor terremoto

Para conservarte

abrasar tu mente con palabras

abrazarme a ti con tentáculos

fiera

olisquear aire y pubis

sujetar con alfileres tu imagen

deleitarse en cultos de sudor hasta el borde de la muerte

luego

guardarte como a un fetiche

resucitarte de entre la tierra con el poder de mi sangre

APARICIÓN

Te quiero porque no sabes quién soy y jamás podrás
/ saberlo

Ves a la chica tímida

No ves a la serpiente

No ves a la lujuriosa

No ves a la engañadora

Ni a la médium posesa

No ves el abismo que se extiende negrísimo

Me abrazas como a una niña pequeña e ignorante

crees que me guías y proteges

Me encojo entre tus sábanas

No te percatas de la magnitud de la destrucción

oculta en mis pesadillas

POSESIÓN

Recuerdo/alarido
la carta de tarot que titubeabas en voltear
El diablo hizo aparición
piel blanca lacerada contra la negrura
mi espíritu frágil
como pequeñas osamentas y alas de insectos
"Eres como un animalito"
dijiste y acariciaste mi rostro con ternura
como si prometieras protegerme
mientras yo apoyaba mi barbilla en tu mano
sabiendo los dos que no ibas a quedarte

ABANDONO

Tu hechizo podría calmarme
como a una bestia cansada de su propia furia
darme reposo y no quiere
prefiere mostrarse ante mí
negro y maligno
Mi mente colapsa mi cuerpo colapsa mi voluntad…
El arte de la necromancia
resucita y reitera en mi mente
todo eso que no pudo ser
en aquelarre concurren mis pensamientos
erizados de vértigo que se llama angustia obsesiva
que los medicamentos no pueden aplacar

EXORCISMO

Perderme
en el espesor de un bosque de sangre
Internarme/elevarme/levitar
Sacrificar
(aunque ellos digan intento de suicidio)
exudar

exorcizarte de mí

por medio de lesiones y sangrías

Los símbolos prohibidos que trazaste

en las diferentes partes de mi cuerpo

aún queman la carne como una marca vergonzosa

Concurro al monte desnuda

Inútilmente

Danza de cabras en el vientre/insectossaliendo
/ por-cadaorificio/

Enjambreenelcerebro/Telarañas en los ojos/poltergeist
/ en el corazón

En un ritual de sexo alcoholizado con extraños amables
/ u hostiles

regurgito tu nombre como un espantajo de gusanos

que se arrastran fuera de mi garganta

Tiemblo

Huyo para siempre de la inquisición en tu voz que me
/ juzga y ordena

del oficio de lenguas ocultas que inventaste

sólo para mí

para calmar mis pesadillas nocturnas

que ahora usas para herir

ELÍXIRES

Para matizar el sepia de su voz
bebo ortigas y mandrágoras en infusiones
riego tintasangre en papeles enmohecidos
que se apilan, inútiles
contienen secretos y mapas de cuevas
dibujos de hierbas
hechizos
la certeza ancestral de la muerte
pero también de ser parte de otra cosa
¿De qué me sirve el don de la clarividencia
si no puedo escapar de tu influjo?
me apego a la partitura febril de una música mística
artes oscuras para seducir al demonio
escritas con orín y fluidos que evoquen al fantasma de
/ tu cuerpo
Ruinas-rescoldos
la adivinación siempre llega demasiado tarde
lo irremediable muere en la lengua tumefacta del oráculo

POSESIÓN II

Tu mente quiere expulsarme y no puede
pronuncias mi nombre al revés

La ortiga roza tu espalda
te retuerces
mellado tu cuerpo lo cabalgo y lo ofrendo a las tinieblas

El mío en cambio anhela reintegrarse a la tierra
secarse la saliva que dio vida al barro de su carne
objeto inanimado que a pesar de todo anduvo
y te encontró
y te perdió luego
milagro inverso
anatema

Como un cordero siamés luego cercenado

sus tripas regadas por el sacerdote

para adivinar nada más que la catástrofe

en sus vísceras atisbé mi destino

y el de todos los que osen tocar mi corazón reseco

"Si le amas, se alejará. Si te ama, morirá

tus brazos acunarán la desesperación reiteradamente

Sísifo incapaz de escapar al castigo"

¿Fue eso lo que leíste en cada línea de mi mano
/ desastrada antes de besarla?

MALDICIÓN II

Que descienda la noche y su espesura me trague
Que el follaje me hiera la piel al pasar
Que los lobos vengan convocados por mi aullido
Que la luna me vea desnuda en cuclillas
ofrendar cada fluido a la soledad enferma
Que nadie vuelva a tocarme
Que nadie prometa anclarse a mí
Que este baile poseso sea un éxtasis solitario
que sólo al demonio tiente
No vuelvas

RESUCITAR

Quería alguien que me salvara del infierno
Por días y días rogué, agonizante
el descenso era necesario
el retorno me reinventó
Corona de cuervos
ojos terrosos
boca seca
puedo sumergirme en las tinieblas a voluntad
y volver
con un tesoro incrustado en cada herida

NECROS

P asé el tiempo infinito
esperando que comenzara la vida
hasta que aquello
en apariencia inmutable
me reveló en una fluctuación
que me encontraba ya en la vastedad de la muerte

Después de años
intentando establecer un contacto con los muertos
descubrí
que el fantasma
                    soy
yo

E̶stoy poseída, recuerdo haber pensado. Haces de luz se colaban por la ventana, y haces de luz salían de mis dedos de pies y manos. Un placer eléctrico me recorría el cuerpo, irradiaba hacia el techo, mientras yo lo veía desde mi cama, acostada en cruz.

Y de pronto me sorprendió la noción de estar viva.

ENBUSCADELOSPARAÍSOSARTIFICIALES

La muerte estuvo aquí:

        Gritó

        Cimbró

Y sin embargo alrededor
la vida aún ocurre

Vemos existir a los otros
mientras morimos en cámara lenta
Amortiguando la caída con somníferos

        O vodka

        O marihuana

Parece necesario beber
amargura en vasos plásticos

Reír

si fuimos puestos frente a la ironía

No tenemos dios ni ideales
pero tenemos al vino y a los amantes
compañeros con sentido del humor y vidas trágicas si ti
tenemos la música
la perspectiva de un viaje largo
un cuarto no compartido
y un cigarro sin apagar

Y con eso basta

VIOLETA GARCÍA COSTILLA
(CdMx, 1984).
Escritora, docente, Maestra en Historia del Arte Mexicano y
Licenciada en Artes Plásticas.
Co-fundadora del colectivo "El Concilio de Nibiru".
Libros:
"Suite Pabellón Psiquiátrico" (Clara Beter 2020),
"Siniestro" (Clara Beter 2019),
"Autorretrato en Paisaje de Tinieblas" (Paso de Gato 2018),
"Relatos Urbanos" (Sin Nombre 2009),
"Mitología de una Ciudad Enferma" (Ponciano Arriaga 2011).
Becaria de PECDA (cuento 2009, fondo editorial 2011 y cuento 2015).
Premio Manuel José Othón de Literatura 2017.
Exposiciones:
"Erótica Profana" y "El Amor que no se atreve a decir su nombre" (2011),
"En busca de los Paraísos Artificiales" (2012),
"Obsesiones" (2013).

Made in the USA
Columbia, SC
24 August 2022

65552754R00083